MÉMOIRES

POUR

LA VILLE DE METZ

DANS LES

NÉGOCIATIONS DE PAIX

ENTRE

LA FRANCE ET L'ALLEMAGNE

PUBLICATION

DU

CONSEIL MUNICIPAL

DE METZ

Le 1er mémoire
partie I par M. Aug. Prost, m. du Conseil M[pal]
partie II par M. L. Boulanger

Le 2e mémoire
par M. Aug. Prost

METZ

E. RÉAU, IMPRIMEUR DE LA VILLE

1871

MÉMOIRES

POUR

LA VILLE DE METZ

DANS LES

NÉGOCIATIONS DE PAIX

ENTRE

LA FRANCE ET L'ALLEMAGNE

PUBLICATION

DU

CONSEIL MUNICIPAL

DE METZ

METZ

F. RÉAU, IMPRIMEUR DE LA VILLE

1871

Au mois de février dernier, lorsque les négociations pour la paix furent annoncées et que les premiers bruits se propagèrent, touchant quelques-unes de ses conditions, le Conseil municipal de Metz jugea opportun d'appeler l'attention publique sur certaines questions trop peu connues concernant l'histoire et les intérêts de cette ville. Telle fut l'occasion d'un *premier mémoire* approuvé à l'unanimité par le Conseil, dans sa séance du 11 février 1871, et adressé de sa part, à Bordeaux, à l'Assemblée nationale, investie du mandat de statuer sur les préliminaires du traité de paix.

Un peu plus tard, les négociateurs se réunissant à Bruxelles pour discuter et fixer les conditions du traité définitif, il fut dit qu'on y trouvait le premier mémoire trop succinct, en ce qui touchait surtout la question historique, et trop réservé notamment dans l'indication des documents originaux qui peuvent servir de preuves aux développements qu'elle comporte. On décida, en conséquence, à Metz, la rédaction d'un *second mémoire,* pour satisfaire à ces observations. Ce nouveau travail fut, comme l'avait été le premier, approuvé à l'unanimité par le Conseil municipal, dans sa séance du 13 avril 1871, et adressé aux plénipotentiaires qui étaient réunis à Bruxelles. Le Conseil décida, en outre, que les deux mémoires, destinés à se compléter l'un l'autre, seraient imprimés et réunis dans une publication commune faite en son nom.

Au moment où, dans des discussions encore ouvertes, se débattent nos plus chers intérêts, on trouvera naturel que nous élevions la voix. Nul ne saurait méconnaître que c'est pour nous un droit incontestable et un devoir.

Metz, 14 avril 1871.

PREMIER MÉMOIRE

ADRESSÉ

PAR LE CONSEIL MUNICIPAL DE METZ,

LE 11 FÉVRIER 1871,

A L'ASSEMBLÉE NATIONALE, A BORDEAUX.

I. — La ville de Metz est, dit-on, menacée d'être arrachée à la France. Elle est réclamée comme sienne par l'Allemagne.

L'Allemagne dit que Metz lui appartient et, pour justifier cette prétention, elle invoque des considérations historiques. Elle dit que Metz a fait partie autrefois de l'Empire Germanique.

Oui, sans doute, au moyen âge, Metz a été membre de l'Empire Germanique, ou pour mieux dire du *Saint Empire Romain*, car c'est ainsi qu'on l'appelait. Metz a été de l'Empire comme d'autres parties de la France, comme l'Italie, comme l'Allemagne.

Les chefs électifs de ce grand corps politique, décorés des titres de Roi des Romains et d'Empereur, ont été tantôt Français, tantôt Allemands, tantôt Espagnols ou Hollandais, ou même Anglais. Notre roi François I a été un jour candidat à cette suprême dignité.

Mais le Saint Empire Romain n'existe plus et il n'est pas question, que nous sachions, de le ressusciter. La moderne Allemagne se ferait illusion si elle croyait qu'il lui suffit de se soumettre à un empereur pour le faire renaître.

Cet ancien Empire était une agrégation d'États indépendants. La ville libre de Metz était du nombre. Disons, puisqu'on s'en préoccupe aujourd'hui, dans quelle condition elle y a existé, et comment elle en est sortie.

De même que la plupart des villes épiscopales de l'Empire, en France, en Italie, en Allemagne, Metz a vu, dès le dixième siècle, ses évêques investis des *régales*, ou droits royaux, dont les principaux étaient la juridiction et la monnaie. La Cité avait réussi, depuis le douzième siècle, à exercer elle-même, en fait, dans son sein ces droits royaux, sans que ceux-ci eussent cessé d'appartenir, en principe, aux évêques. Les témoignages de cette situation sont formels et ils abondent dans notre histoire.

Quant aux chefs de l'Empire, quant aux Rois des Romains, quant aux Empereurs, ils n'exerçaient alors en réalité presqu'aucun droit à Metz, et, lorsqu'ils venaient dans cette ville, ses habitants leur faisaient jurer, avant de les y laisser entrer, de respecter ses franchises et ses libertés. Nos archives, nos chroniques, sont pleines des preuves qu'il en était ainsi.

Telle était, au moyen âge, la situation de Metz, ville libre, ville toute Française par ses origines et par les conditions constantes de race de sa population. Agrégée pour un temps au corps de l'Empire, elle s'en détache un jour pour s'unir au royaume de France, vers lequel la ramenaient de plus en plus ses intérêts. Comment y entre-t-elle? Par des traités régulièrement consentis.

Les évêques n'avaient jamais renoncé aux *régales*, ou droits royaux, qui leur appartenaient à Metz depuis le dixième siècle. Au milieu du seizième, ils en font la cession au roi de France, et les magistrats de la cité, qui depuis longtemps avaient, à divers titres, l'exercice de ces droits, confirment cette cession. Les traités formels stipulés pour cet objet (1556-1557) nous ont été conservés. Le corps de l'Empire, à son tour, ratifie ces conventions par le traité de Westphalie (1648).

Telle est l'histoire.

Metz a été de l'Empire Germanique avant d'être du Royaume de France. Mais avant d'être de l'Empire Germanique, il a été de celui de Charlemagne et auparavant du Royaume de Clovis; auparavant encore il a été de l'Empire Romain et avant tout cela de la Gaule indépendante.

Ce sont là des considérations historiques, des spéculations scientifiques, et c'est d'intérêts positifs qu'il s'agit aujourd'hui. Si l'on voulait cependant, au mépris de ceux-ci, s'inspirer surtout, maintenant, des souvenirs de l'histoire ; si l'on voulait, par impossible, ressusciter le passé ; pourquoi, dans la série des conditions diverses qu'a traversées successivement la ville de Metz, choisirait-on l'avant-dernière plutôt qu'aucune autre? — Si, en vertu de considérations purement historiques, on voulait sacrifier la situation présente, à laquelle exclusivement sont liés tous les intérêts de la cité, ce n'est pas à l'avant-dernière qu'il faudrait s'arrêter, c'est à la première qu'il faudrait logiquement remonter. C'est la Gaule indépendante qu'il faudrait ressusciter ; et Metz devrait dès lors appartenir non pas à un État s'étendant de la Vistule à la Meuse, mais à un corps politique allant de l'Océan au Rhin.

Laissons là ces chimères. Le passé est mort. Il n'est donné à personne de le faire revivre. On ne peut pas plus soumettre aux lois d'un passé qui n'est plus ce qui est aujourd'hui, qu'on ne peut imposer à un organisme vivant les conditions d'existence antérieure des éléments inorganiques qui le constituent.

C'est un point de vue faux que celui des considérations purement historiques, pour apprécier des questions de politique actuelle.

C'est une erreur de soumettre à la condition passée de

ce qui est mort, la condition présente de ce qui vit et palpite.

Entrer dans cette voie, au moment où nous sommes, c'est se perdre dans le champ vague des vaines spéculations, au lieu de rester sur le terrain solide des intérêts réels.

II. — Si, comme il est juste de le faire, on tient compte de ces grands intérêts qui constituent la vie morale et matérielle d'un peuple, il est impossible d'approuver et même de comprendre la violente annexion d'une ville que la langue, les origines, le commerce, les sentiments intimes, tout en un mot attache à la France, comme tout la sépare invinciblement de l'Allemagne.

L'une des plus fortes barrières qui s'élèvent entre deux nations, est la diversité du langage. Comment, pour ne s'occuper que du côté positif et pratique, implanter une administration étrangère au sein d'une population qui n'en comprend pas l'idiome? Or, jamais la langue allemande n'a été parlée à Metz. A remonter aux origines, et même en se plaçant à cette époque du moyen âge où Metz, ville libre, était, par un lien fragile, rattaché à l'Empire Germanique, sa langue, sa littérature, ses chroniques, ses actes publics ou privés, le nom de ses écrivains et de ses habitants, tout était exclusivement français. Aussi, en 1552, lors de la ligue conclue entre certains princes allemands et le roi Henri II, Metz était cité avec Toul, Verdun et Cambrai, comme l'une des quatre villes de l'Empire qui n'étaient pas de la langue germanique. Est-il besoin de dire que, depuis trois siècles, la même situation s'est perpétuée? Lors du dernier recensement fait en 1866, il a été constaté que, sur 47242 personnes, 44367 appartenaient à la nationalité, c'est-à-dire à la langue française. Il n'y avait à Metz que 1741 allemands, en comprenant dans ce nombre les sujets de l'Empire d'Autriche; et il est à remarquer que la plupart de ces habitants à résidence temporaire étaient des gens de service ou des employés de commerce, attachés à différentes maisons de la ville pour y apprendre la langue française. Ajoutons qu'au sein même de la population lettrée, malgré le voisinage de l'Allemagne, l'étude de la langue allemande n'a jamais rencontré de sympathie, et qu'à Metz un bien petit nombre de personnes parlent cette langue ou même la comprennent.

L'incorporation à l'Allemagne de ce pays qui lui est si absolument étranger par la langue, aurait pour conséquence le bouleversement de tous les intérêts. La population de la ville se compose de magistrats, de fonctionnaires, d'officiers publics ou ministériels, de pensionnaires de l'État, de propriétaires, de négociants, d'industriels, d'ouvriers; tous seraient atteints profondément dans leur fortune, dans leurs affections, dans leur existence même. Pour les magistrats ou les fonctionnaires, la réunion à l'Allemagne serait un arrêt d'exil, et pour les officiers publics ou ministériels, elle entraînerait, par la perte de leurs offices, une ruine complète. Les pensionnaires militaires ou civils de l'État qui sont à Metz en grand nombre et qui, presque tous, n'ont guère d'autres ressources que leur pension, seraient forcés, pour continuer à en jouir, de s'arracher au séjour qu'ils avaient choisi et de traîner dans d'autres retraites les dernières années de leur vie. Les négociants et les industriels seraient frappés dans leurs relations engagées presqu'exclusivement avec la France. Et quelle serait l'impression des pères de famille dont les fils seraient menacés de porter peut-être les armes contre la patrie de leur origine et de leur affection? Ce serait pour toutes les existences la plus désastreuse comme la plus douloureuse des perturbations.

Et cette épreuve si cruelle pour tous les intérêts constituerait en même temps la mesure la plus injuste et la plus impolitique. La justice ne permet pas de disposer d'un peuple et de porter la main sur sa nationalité, non-seulement sans son assentiment, mais contre sa volonté formelle et sa protestation énergique. La politique, qui ne doit pas être séparée de la justice, ne conseille pas davantage ces violences, contre lesquelles la répulsion des populations crée, à travers les générations, un obstacle insurmontable. Nous affirmons qu'à Metz tous les habitants, sans distinction de croyances religieuses ou d'opinions politiques, sont unis dans un sentiment commun et que rien au monde ne peut altérer leur volonté de conserver la nationalité française. Personne, nous en avons la certitude, ne contestera l'évidence de ce fait, et si, de quelque côté que ce fût, il pouvait s'élever le moindre doute, le vœu des populations librement exprimé répondrait avec un mouvement unanime. L'annexion de Metz à l'Allemagne produirait un effet contraire aux espérances que l'on serait tenté d'y attacher; elle ne serait pas pour l'Allemagne un élément de force. Pour une grande partie des habitants, ce serait le signal d'une émigration immédiate. Ceux que la nécessité de leur situation ou des considérations diverses tiendraient enchaînés au sol, conserveraient dans le cœur un attachement indestructible à leur nationalité perdue, et la conquête aurait laissé à l'Allemagne ces embarras qui suivent la violence et qui en sont le légitime châtiment.

SECOND MÉMOIRE

ADRESSÉ

PAR LE CONSEIL MUNICIPAL DE METZ,

LE 13 AVRIL 1871,

AUX PLÉNIPOTENTIAIRES RÉUNIS A BRUXELLES.

Nous avons déclaré, dans un premier mémoire, que les considérations rétrospectives de l'histoire n'avaient, à nos yeux, qu'une importance secondaire, en présence des intérêts tout actuels qui sont en discussion. On nous dit, cependant, et nous reconnaissons que, sans donner à ces considérations, dans les débats ouverts aujourd'hui, un rôle qui ne leur appartient pas, on ne saurait cependant les négliger tout à fait, ne fût-ce que pour répondre à ceux qui veulent en faire le fondement de leurs prétentions et y puiser les arguments de leurs démonstrations.

On nous demande quelques détails sur l'histoire de notre ville; on nous demande quelle est l'*origine,* quelles sont les *phases,* quel est le *caractère* de l'union de Metz à l'Empire Germanique pendant le moyen âge. Nous allons répondre succinctement à ces questions. On nous demande aussi de faire connaître les documents originaux qui servent de preuves aux faits que nous pouvons alléguer. La plupart de ces documents sont imprimés et nous nous bornerons à renvoyer, avec des indications suffisantes pour chacun d'eux, aux ouvrages qui les contiennent. Quelques-uns, ce ne sont pas les plus importants, sont encore inédits et sont déposés dans nos archives municipales. Pour ceux-là nous indiquerons le carton et la layette où ils se trouvent, de manière à permettre, s'il en était besoin, de les retrouver facilement et de les produire.

Pressé par le temps, l'obligation de faire vite et brièvement nous oblige à donner, non pas un mémoire, mais simplement, en quelque sorte, un plan de mémoire. Cela suffira cependant pour montrer quels arguments on peut faire valoir en faveur de notre thèse.

I. — L'Empire Germanique ou *Saint Empire Romain* n'est autre chose que l'Empire de Charlemagne lui-même, constitué par l'adjonction, faite à Rome en 800, du titre impérial et des droits et priviléges qui pouvaient s'y rattacher, au vaste corps des souverainetés et domaines réunis dans les mains de ce prince.

L'empire de Charlemagne est partagé, après sa mort, comme un héritage de famille, entre ses enfants, puis entre leurs descendants, lesquels se distribuent bientôt en deux branches, celle des Carolingiens de France et celle des Carolingiens de Germanie; et c'est dans le lot de ces derniers, dans le patrimoine des Carolingiens de Germanie, que se trouve rangée la ville de Metz, avec une notable portion du royaume de Lorraine dont elle était la capitale.

Les Carolingiens de Germanie s'éteignent les premiers, au commencement du dixième siècle. Les Carolingiens de France revendiquent, non sans raison, leur héritage; mais il leur est disputé et finalement enlevé par des princes de race germanique qui s'en sont saisis et qui le retiennent définitivement, après quelques vicissitudes. Le titre impérial, le royaume de Germanie et d'autres souverainetés encore, faisaient partie, comme le royaume de Lorraine, de cette portion de la succession de Charlemagne, attribuée d'abord, dans les partages, à la branche germanique de ses descendants, et usurpée, à l'extinction de celle-ci, par les princes allemands qui ont réussi à la garder.

Voilà comment l'Empire de Charlemagne, le Saint Empire Romain, est devenu l'Empire Germanique, et comment la ville de Metz, capitale du vieux royaume Carolingien de Lorraine, s'est trouvée avec lui associée, dans cet Empire, au royaume de Germanie, c'est-à-dire à l'Allemagne, sans pour cela, cependant, avoir jamais fait partie de celle-ci [1].

II. — Le Royaume Carolingien de Lorraine représentait à peu près, en étendue, l'ancienne Austrasie. Sa constitution se modifie profondément dès le dixième siècle, au sein même de l'Empire, par la formation dans celui-ci des souverainetés particulières qui résultent, d'abord de l'abandon plus ou moins complet des *régales*, ou droits royaux, aux possesseurs de seigneuries domaniales, et ensuite de l'usurpation, à titre héréditaire, des offices publics par ceux qui en étaient investis, ducs, comtes, etc. C'est ainsi que, à côté des duchés de Saxe, de Bavière, de Souabe, de Franconie, qui se constituent dans le royaume de Germanie, on voit se former dans celui de Lorraine, les duchés de Basse-Lorraine (Lothier, Brabant) et de Haute-Lorraine (Mosellane, duché moderne de Lorraine), les comtés de Flandres, de Luxembourg, de Bar, et un grand nombre de moindres seigneuries, soit laïques, soit ecclésiastiques, celles entre autres de l'archevêque de Trèves, des évêques de Liége, de Verdun, de Toul, de Metz, etc.

[1] Ces faits sont, en quelque sorte, de notoriété historique. L'*Art de vérifier les dates* suffirait pour les établir. Quant aux documents originaux qui les concernent on les trouvera réunis notamment dans le *Recueil des historiens de France* de Dom Bouquet, et dans les *Monumenta Germaniæ historica* de Pertz.

La seigneurie des évêques de Metz comprenait, outre la possession de domaines qui n'étaient autres que ceux de leur église, la jouissance de certains droits utiles appartenant originairement au souverain, non-seulement dans ces domaines, mais encore dans la ville de Metz elle-même. Ces droits sont les *régales:* les principaux concernent la juridiction et les monnaies.

Le droit de *juridiction* consistait principalement dans la perception des amendes et confiscations et dans l'institution des officiers de justice.

Le droit de *monnaie* impliquait la libre fabrication des espèces et la jouissance des produits du monnayage.

On ne peut dire ni comment, ni à quel moment précis les évêques de Metz ont obtenu la possession des *régales;* mais cette possession est certaine. On en trouve la preuve dans de nombreux documents, notamment dans deux titres du commencement du treizième siècle, la *lettre des droits de l'Empereur et de l'Évêque à Metz,* et la *lettre de la commune paix de Metz,* qui sont imprimés parmi les Preuves de notre histoire [1]. Ces droits ne sont, en principe, jamais contestés à nos évêques [2]; seulement à partir du treizième siècle, le corps des citoyens de Metz s'applique à les attirer à lui par tous les moyens, et la Cité réussit graduellement à les exercer et à s'en emparer, au moins en fait.

[1] Histoire bénédictine de Metz. Preuves, t. VI, p. 307 et 312, et t. III, p. 177. Les rubriques anciennes qui servent de titres à ces deux documents sont, pour le premier: *Li droict messire li Emperer; Li droict messire li Euesque de Mets,* et pour le second: *Ceu est la manière et li establissement de la commune pais de Mets.* Les documents eux-mêmes sont, comme l'indiquent ces titres, des *records* où se trouvent codifiés en quelque sorte, mais un peu confusément, des usages, coutumes et prescriptions de toutes sortes, relatifs au régime social, politique, administratif, judiciaire et même économique en vigueur dans la ville de Metz, aux époques les plus anciennes.

[2] On les trouve encore mentionnés, à une époque où ils étaient à peu près tombés en désuétude, dans un titre du quinzième siècle, imprimé parmi les Preuves de l'histoire bénédictine de Metz, t. IV, p. 512.

C'est ainsi que les amendes sont, en partie déjà au début, et entièrement dès le milieu du treizième siècle, entre les mains de la cité. Cette situation ressort du rapprochement des articles de deux documents authentiques : la lettre de *la commune paix* de 1214 que nous venons de citer et un *atour* (loi) de 1254 dont le texte est aussi parvenu jusqu'à nous [1].

Quant à l'institution des officiers de justice, elle passe aussi au corps des citoyens qui s'attribue peu à peu le choix et l'élection des magistrats, pris toujours dans son sein, et ne laisse finalement au prélat ou à son représentant que leur consécration en quelque sorte, dans une simple cérémonie d'installation, comme le prouve le rapprochement de plusieurs atours des treizième et quatorzième siècles [2], et certains faits relatés dans nos chroniques [3].

Pour ce qui est enfin des monnaies, la Cité, dès le treizième siècle, en acquiert de ses évêques l'exercice par des actes d'engagement, souvent renouvelés, dont les titres originaux existent dans nos archives et sont en outre publiés parmi les Preuves de notre histoire [4].

[1] Voir les Preuves de l'histoire bénédictine de Metz, tome III, page 177, ligne 32, et page 178, ligne 26, pour les articles de la lettre de *la commune paix* de 1214 ; et au même tome, page 210, lignes 25, 30, 36 et 42, pour ceux de l'*atour* de 1254.

[2] Voir les *atours* de 1256, 1312, 1314, 1316, 1322, 1327, 1355, 1385, etc., touchant l'élection des maires, des comtes jurés, des treizes, des échevins et du maître-échevin (histoire bénédictine de Metz. Preuves, t. III et t. IV) ; et surtout un accord de 1300 pour l'élection du maître-échevin dans les familles de paraiges (patriciens) (ibid., t. III, p. 253), et un traité de 1393, par lequel l'Évêque engage à la Cité ses droits en l'élection de treizes (ibid., t. IV, p. 454).

[3] Huguenin. *Chron. de Metz*, p. 835, col. 2.

[4] Voir les actes d'engagement de la monnaie à la Cité par les Évêques, en 1292, 1334, 1376, 1383 (histoire bénédictine de Metz. Preuves, t. III, p. 236, et t. IV, p. 72, 306, 347), et les *atours* sur le même objet en 1334, 1340, 1364, 1384, 1391, 1396, etc. (ibid., t. IV, p. 72, 88, 211, 351, 452, 469, etc.).

La juridiction et les monnaies, tels sont les principaux droits de *régale* possédés à Metz par les évêques; et cette possession est incontestablement prouvée, quelle qu'en soit l'origine, par les documents authentiques qui la mentionnent. Elle le serait, à leur défaut, par le fait même des aliénations et des empiétements dont elle a été l'objet. Ce sont ces droits que les évêques transmettent aux rois de France par le traité de cession de 1556-1557, venant corroborer le droit d'occupation de la ville de Metz que leur a concédé précédemment le traité de Chambord, conclu avec les princes de l'Empire, 1551-1552: fondements d'une souveraineté de fait reconnue enfin par l'Empire lui-même dans le traité de Wesphalie, 1648 [1]. Les instruments authentiques de ces traités sont partout. Ils sont notamment imprimés dans le *Corps diplomatique* de Dumont et dans l'ouvrage de Hersent, *De la souveraineté du roy à Metz* [2].

III. — Nous venons d'exposer brièvement ce qu'on peut dire de l'origine et des phases principales de l'union de Metz à l'Empire germanique, jusqu'à sa dissolution définitive. Il nous reste à parler maintenant du *caractère* spécial de cette union. Il réside surtout dans la situation particulière faite à la ville de Metz par les conditions de race de sa population, française d'origine, de mœurs et de

[1] Ces actes touchant la dissolution régulière des liens qui rattachaient, pendant le moyen âge, la ville de Metz à l'Empire, sont déjà relatés dans le premier mémoire.

[2] *Le traité de Chambord*, 5 octobre 1551 et 15 janvier 1552, est au tome IV-3, pages 31-33, de l'ouvrage de Dumont (*Corps universel diplomatique du droit des gens*, par Dumont, 13 vol. in-f°, 1726-1739). *Le traité de cession de Metz* au roi Henri II, par le cardinal de Lorraine, évêque de Metz, et par les magistrats de la cité, 19 décembre 1556 et 8 janvier 1557, est aux pages 140-147 de l'ouvrage de Hersent (*De la souveraineté du roy à Metz,* par le R. P. Charles Hersent, chancelier de l'église cathédrale de Metz et prédicateur, in-8°, Paris, 1652). *Le traité de Wesphalie* ou de Munster, 24 octobre 1648, est au tome VI-1, p. 450 de l'ouvrage de Dumont (*Corps universel.... etc.*).

langage, au milieu des peuples allemands qui formaient la majeure partie de l'Empire. Cette situation a pour résultat une tendance prononcée à desserrer, par tous les moyens, des liens fortuits contre lesquels s'élève la nature même des choses, en accusant de plus en plus une séparation qui s'indique d'une manière irréfragable dans la *langue*, dans les *mœurs* et dans l'*esprit politique*.

La langue, les mœurs, l'esprit politique, tout cela est et a toujours été français, et en quelque sorte anti-allemand à Metz. Rien de plus facile que de le démontrer.

La *langue* est le trait le plus significatif et le plus résistant de la distinction des races. A Metz, on a toujours parlé français ; on n'y a jamais parlé allemand. La notoriété publique et l'histoire suffiraient pour établir qu'il en est ainsi. Les documents matériels abondent pour le prouver.

Nos actes privés et publics, à partir des temps les plus anciens, quand ils ne sont pas rédigés en latin, le sont toujours en français; il n'en existe pas un seul en allemand.

Les actes privés à Metz sont les actes des *Amans* (amanuenses). Ils sont tous en français et on en possède qui remontent à la première moitié du treizième siècle [1]. Ils existent en très-grand nombre dans nos archives municipales [2], à la chambre des notaires, et dans beaucoup de dépôts de familles et de collections particulières.

Les actes publics à Metz sont — indépendamment des pièces de chancellerie, instructions, commissions, lettres et traités — des documents législatifs, atours (lois) et huchements (ordonnances) ; des documents judiciaires,

[1] Les actes d'*Amans* authentiquaient toute espèce de transactions opérées entre les particuliers, ventes, échanges, locations, etc. Ils commencent invariablement, dès l'origine, par ces mots : « Connu chose soit à tous ke.... etc. », et se terminent par la date, avec le nom de l'aman qui a rédigé et qui conserve l'acte dans son *arche*.

[2] Archives de Metz, 19 cartons, nos 128 à 146.

informations, procédures, jugements; des documents financiers, comptes de recettes et de dépenses, et d'autres pièces de toutes sortes remontant jusqu'au commencement du treizième siècle, dont les originaux sont conservés dans nos archives municipales et dont un grand nombre sont de plus imprimées parmi les Preuves de notre histoire [1]. Tous ces actes sont en français.

Ajoutons qu'un des plus anciens titres législatifs écrits en français, avec date certaine, que l'on connaisse, est un document messin. C'est la *lettre de la commune paix de Metz,* dont nous avons déjà parlé : titre de l'an 1214, dont l'original, parfaitement authentique, écrit sur parchemin et muni de ses sceaux, est conservé aux archives de la ville. Il est, de plus, nous l'avons dit aussi, imprimé parmi les Preuves de notre histoire [2]. Un autre document français non daté, mais du même temps, est la *lettre des droits de l'Empereur et de l'Évêque à Metz,* que nous avons déjà mentionnée aussi : titre dont nos collections possèdent de nombreuses copies anciennes et qui est imprimé également dans divers ouvrages, notamment dans les Preuves de notre histoire [3].

Après les actes authentiques, les œuvres de la littérature. Tous les monuments littéraires d'origine messine sont en français, à commencer par les plus anciens, comme le vieux roman en vers du *duc Hervis,* poëme du treizième siècle qui forme la première branche de la Geste des *Lohérains.* La *Chronique rimée* est écrite aussi en vieux français, de même que la chronique du *Doyen de Saint-Thiébaut* et celles de *Philippe de Vigneulles* et de *Praillon,* de *Jehan Aubrion,* de *Jacomin Husson,* de *Jean Bauchez,* d'*Ancillon,* etc. Mentionnons également parmi les principaux monuments historiques de la langue française à Metz, les compositions littéraires de Philippe de

[1] Histoire bénédictine de Metz. Preuves, t. III à VI.
[2] Ibidem. T. III, p. 177 et t. VI, p. 512.
[3] Ibidem. T. VI, p. 307.

Vigneulles, son *autobiographie*, ses romans de *Biautrix*, de *Garin*, son recueil de *contes et nouvelles*. Ces ouvrages sont entre les mains du public ; la plupart sont imprimés et figurent dans un grand nombre de bibliothèques [1]. Rappelons aussi que les *mystères* dont la représentation était un des plaisirs populaires des Messins au quinzième siècle, sont écrits en français. L'un d'eux, le *Mystère de saint Clément*, est imprimé [2].

La langue française que parle aujourd'hui le peuple messin est, on le voit, en remontant aussi loin que portent les témoignages historiques, la langue de ses ancêtres. A Metz on a toujours parlé français.

Les *mœurs*, également, ont toujours été à Metz aussi françaises que la langue, et ont toujours entretenu, entre le peuple messin et les peuples allemands du reste de l'Empire, une séparation qui s'accuse dans mille traits de notre histoire. Obligé de nous limiter, nous nous bornerons à en citer quelques exemples caractéristiques. En voici un, entre autres, qui montre dans le populaire messin, à l'endroit des Allemands, un fonds de préjugés contraires pouvant aller jusqu'à l'hostilité, et procédant évidemment de l'éloignement qui séparait les deux races.

[1] La *Chronique rimée* a été publiée par Dom Calmet (1728) et par Chabert (1856) ; la chronique du *Doyen de Saint-Thiébaut* l'a été par Dom Calmet (1728) ; celles de *Philippe de Vigneulles* et de *Praillon* ont été données en grande partie par Huguenin (1838) ; celle de *Jehan Aubrion* a été publiée entièrement par L. Larchey (1857) ; celle de *Jacomin Husson* par Michelant (1870) ; celle de *Jean Bauchez* par Abel et de Bouteiller (1868) ; celle d'*Ancillon* par Chabert (1860) ; l'autobiographie de *Philippe de Vigneulles* a été imprimée par Michelant (1852). Les œuvres purement littéraires ont seules été négligées jusqu'à présent par les éditeurs. Des 15000 vers que comprend le poëme du *duc Hervis*, il n'en a été imprimé que 1800 à peu près par Dom Calmet (1745). Des *contes et nouvelles de Philippe de Vigneulles*, le public ne connaît que quelques fragments donnés par Michelant ; les romans en prose de *Biautrix* et de *Garin* sont inédits.

[2] Le Mystère de saint Clément a été publié par Abel, 1861.

« Le neufviesme jour de juillet 1542, disent nos chro-
» niques [1], entrée du comte Guillaume de Furstemberg
» à Mets, dont le peuple s'esmeut et court aux armes.
» Mais, convocqué par les seigneurs à la neufve salle, il
» s'appaise. Cependant le comte s'escoule et sort de la
» ville : trois mutins, assavoir un sergent, un boulenger
» et un tisseran sont appréhendés comme causes de
» l'allarme, et le tisseran mené au pont des Morts pour
» estre noyé; mais à la prière du peuple, il eut la vie
» sauve; mais tous trois furent bannis. »

Ce tumulte était né de l'effet produit simplement par l'entrée dans Metz du seigneur allemand et de sa suite. « Ils prétendent, disait-on dans le peuple, que l'hôtel-
» lerie où ils sont descendus est à eux, courrez sus à
» ces envahisseurs de nos maisons. » Telle était l'origine de cette petite sédition sur laquelle on conserve, dans nos archives municipales, une information détaillée et une procédure [2] qu'on peut consulter.

D'autres exemples accusent, avec moins de passion, mais non moins péremptoirement, la distinction à Metz des deux races. Ainsi dans notre ville il existe encore aujourd'hui une *rue des Allemands,* qu'on trouve avec ce nom dès le treizième siècle; et ce titre lui vient, non pas de ce qu'elle soit maintenant ou ait jamais été peuplée d'Allemands, mais de ce que, au moyen âge, s'y trouvait une maison des chevaliers de l'ordre Teutonique, dits à Metz *de Notre-Dame de Jérusalem de la maison des Allemands*. La qualification donnée, pour cette raison, et à la maison et à la rue, montre quel effet produisait naturellement, sur la population toute française de Metz, la présence, au milieu d'elle, de ces étrangers dont le caractère essentiel, à ses yeux, était d'être des Allemands.

Si l'esprit de race distinguait et même éloignait les

[1] Huguenin. *Chron. de Metz,* p. 861, col. 1.
[2] Archives de Metz, F. 13, 8, carton 368.

Messins des Allemands, il les rapprochait au contraire des populations françaises, auxquelles ils confinaient d'un autre côté. Cette tendance se manifeste dans les habitudes de toutes les classes. Elle dirige, pendant tout le moyen âge, nos marchands vers les foires de Champagne[1] et vers le *Landit* de Paris[2]. Elle inspire les membres de la seigneurie messine allant demander, au quinzième siècle, aux rois de France, les distinctions honorifiques de la chevalerie[3], recherchant en outre et obtenant d'eux des pensions et des charges de cour, au seizième siècle[4].

Nous avons dit quels arguments fournissent les considérations de la langue et des mœurs pour la thèse du caractère tout français et en quelque sorte anti-allemand de la population de Metz; il nous reste à parler de l'esprit politique dont notre peuple a toujours été animé. Non-seulement il accuse la diversité des races, mais il se montre aussi comme un des principes de la distension graduelle et de la dissolution finale des liens fortuits qui rapprochaient, sans les mêler, au sein de l'Empire, ces éléments contraires.

L'esprit politique constant des Messins dans leurs relations avec le reste de l'Empire, se formule dans une doctrine de distinction et de séparation, en vertu de laquelle ils avaient réussi à se faire accorder, au sein de l'État Germanique, une situation toute spéciale. C'est dans cet esprit et en vertu de cette doctrine qu'ils obtiennent, en diverses circonstances :

1° Des lettres de confirmation de leurs libertés et pri-

[1] Pièces originales de 1294 à 1409, concernant les intérêts des messins aux foires de Champagne. Archives de la ville de Metz, 88-5, carton 122, liasse 5.

[2] Autobiographie et chroniques de Vigneulles, éditions de Michelant et de Huguenin, passim.

[3] Huguenin. *Chron. de Metz*, p. 624.

[4] Ibidem, p. 867.

viléges par les souverains de l'Empire (Rois des Romains et Empereurs); lettres dont nous possédons les titres authentiques de 1384 à 1521, en originaux et copies anciennes, conservés aux archives de la ville [1] et imprimés en outre dans divers ouvrages [2];

2° Des actes du serment de respecter les libertés et priviléges de la Cité, prêté par les Empereurs et les Rois des Romains avant d'être admis à entrer dans la ville chaque fois qu'ils s'y présentent [3].

Quels étaient ces libertés et priviléges de la Cité ?

Ils comprenaient, suivant les Messins, tout ce que ne réservait pas formellement la *Lettre des droits de l'Empereur et de l'Évêque à Metz*, document du commencement du treizième siècle dont nous avons déjà parlé. Suivant ce document, l'Évêque est dépositaire de l'autorité de l'Empereur à Metz (le ban), mais l'Empereur la ressaisit quand il vient de sa personne dans la cité, où il a droit alors : au *logis* pour lui et pour sa suite ; à la *monnaie* qui est sienne tout le temps qu'il y réside ; au *ban, justice* et *destroit* (pouvoir d'exécution) que personne autre que lui n'y possède tant qu'il y séjourne. Quand il arrive dans la ville, on lui en porte *les clefs* à trois lieues ; et quand il n'y est pas, *ses messagers* doivent y être reçus et hébergés. Voilà tout ce que contient, touchant le chef de l'Empire, la lettre des droits de l'Empereur et de l'Évêque à Metz [4].

Les conséquences que les Messins faisaient découler de là, c'est qu'ils ne devaient nulle contribution à l'Empereur ni à l'Empire et qu'ils jouissaient chez eux, en temps ordinaire, de la plénitude de la juridiction souveraine et sans appel. On trouve, en effet, maint exemple de leurs

[1] Archives de Metz ; carton 1, liasse 1.

[2] Histoire bénédictine de Metz. Preuves, t. IV, p. 558 ; t. V, p. 318, 403, 635, 764 ; t. VI, p. 439, 648. — *Recueil des édits du parlement de Metz,* par Emmery, t. I, p. 660, 663.

[3] Huguenin, *Chron. de Metz,* passim et notamment p. 851, 852.

[4] Histoire bénédictine de Metz. Preuves, t. VI, p. 307, lignes 3 à 35.

résistances et même de leur formel refus au payement des aides et subsides réclamés d'eux par l'Empereur ou par l'Empire [1] et pour ce qui est de la juridiction, la leur étant souveraine, ils avaient interdit tout appel des jugements de leurs magistrats à la chambre impériale. Un acte authentique du 15 avril 1550 établit qu'à cette date il n'y avait pas mémoire qu'un tel appel eût été jamais relevé contre les décisions de la justice de Metz [2]. Un grand nombre de pièces originales, conservées aux archives de la ville, contiennent en outre des réserves et protestations faites en diverses circonstances en vue de ces priviléges.

« Nous n'entendons — est-il dit dans une de ces pièces » que nous voulons citer comme exemple — aulcune- » ment debuoir ou pouuoir engendrer aucun préiudice ou » grief à noz anciennes libertez, immunitez, franchises et » previllaiges... et signamment à celle liberté, immunité, » prérogatiue, vsances et coustumes quil nest loisible à » vlluy, en aulcune manière, pour causes ou occasion » quelxconcques, d'appeller dez sentances randue, en » seconde instance, par nous Maistre Escheuin et noz » Peirs [3]... ausquelz est attribuez plenière et dernière » puissance de juger [4] (1550). »

L'ensemble de ces doctrines sur les priviléges de Metz au sein de l'Empire, est d'ailleurs formellement exprimé et développé dans deux titres authentiques des quatorzième et quinzième siècles, recueillis parmi les Preuves

[1] Huguenin. *Chron. de Metz,* passim et notamment p. 626, 680, 682, 857, 858.

[2] Acte cité par Götsmann de Thurn, ancien conseiller au Conseil supérieur d'Alsace, dans son mémoire couronné par l'Académie royale des sciences et arts de Metz le 18 septembre 1768 (in-8o. Metz, 1769), p. 60.

[3] Les échevins du palais étaient qualifiés *pairs* du maître-échevin dont ils formaient le Conseil.

[4] Recueil original de procédures du seizième siècle (fol. 21, rect.). Archives de Metz, F. 17, 1, 3, carton 374-375, liasse 1.

imprimées de nôtre histoire [1]. Voici quelques passages de ces documents qui sont fort longs et dont le texte original est en vieux français pour le premier et en latin pour le second.

1394. — « La liberteit, franchise ou immuniteit an-
» cienne, approuvée et loialment prescripte de la devant
» dicte citeit ait esteit et est teile que li Roix des Romains
» qui est pour le temps, devant ceu qu'il ait receu le
» dyadême impérial, n'ait alcune jurisdiction ordinaire,
» ne aussy déléguée, on la citeit, on citains, ni on habitans
» d'icelle; et que icelle citeit et les citains et habitans
» d'icelle ne sont point tenus de lui cognoistre en signour,
» ne ad lui en alcune manière obeir; mais aucy, après
» ceu qu'il ait ressut le dyadême et qu'il est Emperour,
» il n'ait point de puissance de exercer alcunes signo-
» raige, puissance, souveraineteit ou jurisdiction en la
» devant dicte citeit, s'il ne demouret en sa propre per-
» sonne en icelle; et luy demourant en icelle citeit,
» encor n'ait il point en icelle de franche et absolute
» puissance de exerceir, mais alcune puissance liée et
» limitée de jurisdiction et de certains drois; laquelle,
» luy récèdent, s'en avait ad niant, et la jurisdiction de
» la Mastrie [2] comme de devant revient; et en teil ma-
» nière ait-il esteit et est vray, publique et notoire, et
» est recognut apparemment de parole, d'escritures et
» de fais par le Roy qui est maintenant et par ses pré-
» décesseurs [3]. »

1462. — « De temps immémorial en vertu des indults
» et des priviléges accordés dès longtemps par les Em-
» pereurs aux citains et à la communauté de la ville
» de Metz, aussi bien qu'en raison des immunités et
» libertés légitimement prescrites en leur faveur, et pour

[1] Histoire bénédictine de Metz, t. IV, p. 459, et t. V, p. 661.

[2] La juridiction du maître-échevin, premier magistrat de la ville libre de Metz.

[3] Histoire bénédictine de Metz, t. IV, p. 460, ligne 18.

» d'autres nombreuses, justes et raisonnables causes qui » intéressent le commun avantage et la chose publique » du Saint Empire Romain, les maître-échevin, treizes-» jurés, consuls, proconsuls, citains, paraiges, manants, » habitants, université et communauté de la ville de » Metz sont, ainsi que leurs prédécesseurs l'étaient, » exempts, affranchis, libres, et francs, par décret et de » l'agrément et pleine volonté des Empereurs, des élec-» teurs et princes du Saint Empire, de toutes impositions, » tailles, corvées, contributions et exactions ordonnées » par les dits Empereurs, électeurs ou princes, présents » ou passés, à l'occasion de toutes guerres et expéditions, » soit intérieures, soit extérieures, concernant l'Empire, » ou pour quelqu'autre cause que ce soit; outre que dans » toute difficulté querelle ou débat soulevés par quelque » cause ou à quelque occasion que ce soit, entre les » princes, seigneurs spirituels et temporels ou commu-» nautés quelconques du Saint Empire, jamais, ni dans » aucun cas, les Messins ne peuvent être contraints par » aucune puissance spirituelle ou temporelle à envoyer » leurs contingents armés ni aucun autre levé à leurs » frais, non plus qu'à contribuer d'une façon quelconque » aux guerres et expéditions provoquées par ces querelles » et débats [1]. »

Telles sont les doctrines qui régnaient dans Metz; tel est l'esprit politique qui animait sa population et son gouvernement. Aussi, n'est-ce pas sans raison que Metz portait le titre reconnu de *ville libre* dans l'Empire.

On voit assez par là combien étaient distendus les liens qui, rattachant les Messins à l'Empire, les rapprochaient accidentellement des Allemands, lesquels formaient la plus grande partie de cette vaste agrégation de peuples. Cette situation était due évidemment à l'éloignement produit par la diversité des races.

Il est bon de rappeler qu'une situation analogue pro-

[1] Histoire bénédictine de Metz. Preuves, t. V, p. 663, ligne 40.

duisait les mêmes effets et tendait à la même séparation entre le duché moderne de Lorraine et l'Empire, auquel il appartenait au même titre que la ville de Metz; comme membre détaché aussi de l'ancien royaume Carolingien de Lorraine. Les ducs de Lorraine, plus puissants que la cité de Metz, réussirent, au seizième siècle, à faire reconnaître formellement la séparation de leur duché du corps de l'Empire Germanique. Les actes diplomatiques qui consacrent ce fait remarquable sont la *convention de Nuremberg* (26 août 1542), la *ratification* de cet arrangement par l'empereur Charles-Quint (28 juillet 1543) et l'*insinuation* de ce traité à la chambre impériale de Spire (29 août 1561). Les deux premiers ont été recueillis par Dom Calmet et sont imprimés parmi les preuves de son histoire de Lorraine [1].

La ville de Metz n'a jamais été allemande. Elle s'est trouvée associée à l'Allemagne dans l'Empire, comme le vieux royaume Carolingien de Lorraine, dont elle était la capitale, s'était trouvé, dans les mêmes conditions, associé au royaume de Germanie, lors de la dissolution de l'Empire de Charlemagne. Ces liens fortuits n'ont jamais été bien serrés et ont toujours tendu à se dénouer, jusqu'à leur dissolution complète au seizième siècle; et cette situation a eu incontestablement pour principe la diversité des races, qu'on voit s'accentuer formellement et à toutes les époques, à Metz, dans la *langue* aussi bien que dans les *mœurs* et dans l'*esprit politique* de la population.

Ces propositions sortent tout naturellement du simple examen du sujet. Nous n'avons pas épuisé les preuves qu'on peut faire valoir en leur faveur. Nous en avons cependant, croyons-nous, dit assez pour les justifier. Mis, à l'improviste, en présence d'une question que nous ne nous attendions guère à voir jamais poser, nous avons,

[1] Dom Calmet. *Histoire de Lorraine*, 1re édition, 1728, tom. III, Preuves, col. 393.

sans chercher bien loin, réuni les premiers arguments qui nous sont tombés sous la main. Il ne pouvait nous sembler difficile de démontrer que Metz n'a jamais été une ville allemande, et que sa population a été, de tout temps, comme elle l'est aujourd'hui, absolument française.

Metz, rapproché politiquement de l'Allemagne pendant le moyen âge, a résisté à toute action d'assimilation allemande. Le caractère français de son peuple s'est conservé, malgré des causes nombreuses et persistantes d'altération. C'est, on le reconnaîtra, une ville bien complétement française, pour qui toute tentative de la détourner de ses voies naturelles ne peut être qu'une source de souffrances dans ses intérêts comme dans ses plus légitimes sentiments. Il serait aussi injuste qu'impolitique de les lui imposer.

www.ingramcontent.com/pod-product-compliance
Ingram Content Group UK Ltd.
Pitfield, Milton Keynes, MK11 3LW, UK
UKHW032029260826
14628UKWH00006B/2818

9 782011 757180